수선화, 꽃불 켜다

수선화, 꽃불 켜다
박 송 월

초판1쇄 인쇄 2025년 5월 29일
초판1쇄 발행 2025년 5월 30일

글쓴이 박송월

펴낸이 김희진
펴낸곳 도서출판 Book Manager　**주소** 전주시 완산구 메너머 4길 25-6
전화 (063) 226.4321　**팩스** (063) 226.4330

전자우편 102030@hanmail.net

출판등록 제1998-000007호

ISBN 979-11-94372-26-4(03810)
값 13,000원

· 잘못된 책은 바꿔드립니다.
· 이 책의 저작권은 저자와 북매니저에 있습니다.
· 작품의 무단 복제 및 전재를 금합니다.

수선화, 꽃불 켜다

박 송 월

제 3집을 내면서

첫 시집을 내던 날처럼
조심스럽고 설렙니다

하나를 이루었다는 성취감
잠시 미루어 두고
다시 시작하려 합니다

詩는 인생과 같기에
삶을 詩처럼 살고 싶고
詩같은 삶을 살고 싶습니다

곱게 단장하고
정갈하게 다듬어 가면서……

2025년 5월
눈부시게 아름다운 봄날에

| 목 차 |

3집을 내면서/5

제1부

수선화, 꽃불 켜다	12
비상飛翔	14
삶은 기적이야	16
횡재 속에 살다	17
인생은 아름다워라	18
오늘	20
범접 불가	21
그대로 하여	22
인생을 아름답게	24
후회없는 삶을 위해	26
명품 배우	28
꽃길만 걸어요	30
안부	31
산다는 건	32
시간의 술래잡기	33
인생의 공식	34
'희망'이라는	36

제2부

이월 이야기	38
바쁘다, 봄	40
봄이 오는 길	42
기다리는 마음	43
몸살	44
그래 너였구나	46
봄꽃	47
기다림 끝에 서서	48
입춘	50
우수雨水	52
경칩	54
오월이 오면	56
동백, 다시 피다	58
내일은 봄	59
복사꽃 피다	60
민들레 꽃씨 하나	61
자연에서 배운다	62
지구가 화禍났어요	63

제3부

존재의 이유	66
그대 있음에	68
오늘의 여백	70
오늘의 기도	72
에미	73
갈등	74
낮달	75
바보의 셈법	76
잠	77
오월의 장미	78
그대, 내 친구여	80
너와 함께라서	82
화려한 외출	84
시간의 잔고	85
그대 덕분에	86
딸아, 엄마는	88
내 종교는	90
동행	92

제4부

별이 된 그대 ·················· 94
소금 꽃밭 될 때까지 ·················· 96
그냥 너라서 ·················· 97
또 하나의 이별 ·················· 98
부칠 수 없는 편지 ·················· 99
우주는 작은 점에서 ·················· 100
그리움은 그리운 대로 ·················· 102
그리움 한 조각 ·················· 104
눈물 ·················· 106
슬픈 진실 ·················· 107
그 이름 하나 ·················· 108
깃발이고 싶다 ·················· 110
어디면 어떠리오 ·················· 112
어느 봄날의 작별 ·················· 114
비밀 ·················· 116
작은 기도 ·················· 117
오직 하나뿐인 ·················· 118
숙명이라면 ·················· 119

제5부

부르지 못하는 연가戀歌 ⋯⋯⋯⋯⋯ 122
가슴에 핀 꽃 ⋯⋯⋯⋯⋯⋯⋯⋯⋯ 124
사랑은 ⋯⋯⋯⋯⋯⋯⋯⋯⋯⋯⋯ 126
혼돈의 겨울밤 ⋯⋯⋯⋯⋯⋯⋯⋯ 128
옛날 속을 걷다 ⋯⋯⋯⋯⋯⋯⋯⋯ 129
마지막 사랑 ⋯⋯⋯⋯⋯⋯⋯⋯⋯ 130
세상은 너 하나로 ⋯⋯⋯⋯⋯⋯⋯ 132
외길 위의 이별 ⋯⋯⋯⋯⋯⋯⋯⋯ 133
그 빈자리 ⋯⋯⋯⋯⋯⋯⋯⋯⋯⋯ 134
기억 저편에서 ⋯⋯⋯⋯⋯⋯⋯⋯ 135
잊으리라 ⋯⋯⋯⋯⋯⋯⋯⋯⋯⋯ 136
기다림, 그거 하나 ⋯⋯⋯⋯⋯⋯ 138
참 지도자 ⋯⋯⋯⋯⋯⋯⋯⋯⋯⋯ 140
공존하는 세상을 위하여 ⋯⋯⋯⋯ 142
찬란한 별로 뜨시게 ⋯⋯⋯⋯⋯⋯ 144
우린 원래 하나 ⋯⋯⋯⋯⋯⋯⋯⋯ 146

평설 인생 철학을 함축하는 맑은 심상의 서정시 ⋯ 149
소재호(시인·문학평론가)

제1부

수선화, 꽃불 켜다

박송월

수선화, 꽃불 켜다

사랑,
그까짓 게 뭐라고
목숨을 던져
꽃이 됐을까

오롯한
너 하나로
뿌리내린 자리
그곳이 어디든
거부를 모르는 몸짓

욕심내지 않고
본연의 색만 피워내고
시샘하지 않고
자신만의
향기를 풀어낸다

가장 소중한 것을
아낌없이 내어놓은
수선화,

나도 너처럼
꽃불 켜고 싶다

비상飛翔

해가 밝았네
새 해年
새 날日이 밝았어

지나간 어제는
다 잊어버려
간절한 염원
두 날개에 싣고
맨땅을 박차고 솟아오르는
강하고 담대한
비상을 꿈꾸시게

실패도 있을거야
좌절의 순간도 있을테지
힘겨워 두려울 땐
하늘의 지혜를 힘입어
다시 시작하는 거야

하면 된다는 용기
해야 한다는

결연한 의지로
새로운 태양을 향해
힘차게 날아오르는 거야

삶은 기적이야

오늘도
마음 밭에 심는
희망이라는 씨앗 하나

부단한 노력 없이
거저 얻어지는 건
그 무엇도 없기에

결실을 얻으려면
지금,
여기에
열정을 들이부어야 한다

간절히 소망하고
끊임없는 노력으로
살아내는 오늘
그래
삶은 기적이야

횡재 속에 살다

지구별에서
눈뜰 수 있음이,
지구별에서
잠들 수 있음이
횡재라는 걸
오늘 알았습니다
매일 횡재 속에
살고 있었다는 걸
오늘에야 알았습니다

인생은 아름다워라

인생은
보이는 만큼의
행복을 꿈꿀 때
아름다워라

봄날의
우아하고 고운 자태
시간 지나니
녹음 짙은
여름 숲에선
물소리 청아하다

가을 깊어
국화향 그윽하더니
어느새
겨울왕국 되어
하얀 눈 속에 서 있구나

이처럼 다채로운
세상에 살고 있으니
어찌 인생이
아름답지 않으리오

오늘

눈 뜨면
만나는 오늘

수많은
오늘과 만나지만
똑같은 날은
한 번도 없었고
또 없을 것이다

주어진 상황따라
여건따라
순간순간 달라지는
일상의 모양과 색깔

그 속에서
매번 휘청이지만
소중하지 않은
오늘,
감사하지 않은
오늘이
어디 있으랴

범접 불가

우주의 섭리대로
살았다면
지구의 미래
염려치 않아도 좋았으리

태초에 그어진
범접 불가한 영역
넘어서지 말았어야지

자연의 분노 앞에
할 수 있는 것이라곤
간절한 참회와
절박한 마음으로
용서를 구하는 일

하늘의 심기
거스르지 않게
지구의 미래
걱정할 일 없게
정갈하게 쓰고
고스란히 돌려줘야지

그대로 하여

촉촉한 눈빛으로
다정하게 오시길래
그대인 줄 알았네

조용한 걸음으로
가만가만 오시길래
그대인 줄 알았어

그저
따스한 온기 하나로
얼붙은 겨울의
빗장을 풀어
깊은 겨울잠에서
생명을 깨워내는
그대,
봄비여

그대로 하여
갯가의 버들강아지
호기심에 눈뜨고

그대로 하여
언 땅 속의 씨앗
달콤한 잠 속에서
기지개 켜고 있네

인생을 아름답게

해 바뀔 때마다
선물로 받는
열두 폭짜리
하얀 여백의 화선지

보이는 삼라만상에
생명을 불어넣어
꽃으로 피워내는
화가가 되어보고

하늘에 떠다니는
한 조각구름에도
시詩 한수 읊조리는
시인이 되어 본다

자연 앞에 서면
누구나
화가가 되고
시인이 되는데

무엇을, 어떻게
쓰고 그려야
삭막한 인생이
아름답게 피어 나려나

후회없는 삶을 위해

하루가
저물어 간다
딱히
한 일도 없는데
오늘 하루가
또 저물어 간다

하루를 살았는데
분명 하루를
살았을 뿐인데
어느새 여기

어린 날은
하루가 열흘 같더구먼
지금은
열흘이 하루같이
지나간다

덧없고
덧없는 인생이지만

삶의
마지막 순간에
후회하지 않으려
주어진 오늘에
나 자신을 건다

명품 배우

또 다시 열리는
희극과 비극이 교차되는
'오늘'이란
연극의 한 페이지

행복한 순간은
세상을 다 얻은 듯 했고
지나고 나면
별것 아닌 일들도
부딪히는 순간은
왜 그리
아프고 힘들던지

깨달음이 더뎌
이제야
어렴풋이 알았네

주어진 역할에
혼신을 다해 열연하는
우리 모두는

각본 없는
인생 무대 위의
명품 배우라는 것을

꽃길만 걸어요

오십년,
산술적 숫자로
길고 긴 시간
반백년

오십년,
힘들고 고단했을
외길 인생
반편생

예까지 오는 동안
삶의 무게
얼마나 힘들었을까

이제
그 짐 내려놓고
남은 인생 여정
향기 가득찬
꽃길만 걸어요

안부

하늘 아래
어딘가에서
땅 디디고
잘 살고 있다는
소문 들리기에

이 땅
어디에서
하늘 올려보며
잘 살고 있다는
얘기 들었기에

참
다행이다

산다는 건

연습 없는 인생

산다는 건
원하는 걸 얻기 위해
끊임없이 돌고 도는
고달픈 여정

반복의 시간
찰나의 순간도
되돌릴 수 없는
단 한 번 주어지는 기회

후회 없는 삶이 어디 있으랴
그저
슬기로운 마음
내딛는 것뿐

시간의 술래잡기

가을인가 보다

숨조차 쉬기 힘들던
점령군 팔월
입추가 온 날부터
웬일인지
천진한 아이 되어
숨바꼭질 해댄다

한낮엔
땡볕을 대동한
여름이 술래
조석으론
풀벌레 합창단
가을이 술래다

어제가 오늘을
시간의 태엽에 감으면서
가을 익어 가는 향이
바람에 스치운다

인생의 공식

무상하고 야속한 세월
살다보니
오늘에 이르렀구나
세상에 태어난 순간
운명이라는
티켓 한 장 달랑 들고
인생 열차에 올라탔다

유년의 역을 지날 때는
시간이 오고 간다는
자연의 순리를 몰라
꽃 핀 낙원에서
그냥 사는 것 인줄 앓았지

생각하는 대로
다 되는 줄 알고
거침없이 내딛기만 했던
시행착오 투성이의
청년의 역을 지나고서야
젊음을 어딘가에 놓고

왔다는 걸 알았네

지고 가야 할 부담
안고 가야 할 걱정이
더 많아진 장년의 여정

이루지 못한 꿈
한 서린 회한
집착이 되어
내려놓지 못한 채
상흔과 후회만 남은
정답 없는 인생
지금에 와서야
비로서 깨달았네
더하기, 빼기,
곱하기, 나누기가
인생의 공식이란 걸

'희망'이라는

나,
별 하나 품고 산다

지구에 소풍 오던 날
하늘에서 유성 하나
뚝 떨어져
심장에 박혔다

늘 가슴에 켜져 있는
작은 등촉 하나
힘들고 어두운 세상
살펴 가며 살라는
신의 자비일까

마를 듯
마르지 않는 강물
꺼질 듯
꺼지지 않는 불꽃
누구나
'희망'이라는
별 하나씩 품고 산다

제2부

수선화, 꽃불 켜다

박송월

이월 이야기

아직
한 겨울 속

번데기 허물 벗듯
천천히
아주 천천히
한 꺼풀씩 지난 시간의
무게를 벗는다

아는 거라곤
하나에서 스물여덟
이따금
스물아홉이 되어
겨울에서 봄으로
계절을 갈아타는
시간의 간이역

그어진 금
절대 넘어서지 못하는
이월의 한계

권력의 탐욕이었을까
인간을 위한
신의 선택이었을까

바쁘다, 봄

아직
삼월인데

백목련 활짝 피어
비상을 꿈꾸고
개나리 노랗게
기지개 켠다
호숫가 벚나무엔
눈길만 주어도
터질 것 같은
만삭의 꽃망울

누가
사월을 잔인한
달이라 했나
메마른 가지에서
꽃을 피워내는
삼월은
더 잔인한 달

시절 탓일까
발걸음 빨라진
봄꽃 때문에
추운 겨울 속을
맨발로 달려오는
봄은 바쁘다

봄이 오는 길

봄,

어느 날은
생명 있는 곳에
졸음의 마법가루
흩뿌려 놓고
고양이 걸음으로
살금살금
또,
어느 날은
먹잇감 낚아채 듯
매 발톱 치켜세운다

포근한 햇살에
꾸벅꾸벅
날 선 꽃시샘
칼바람에 화들짝

봄,
이렇게 오는구나

기다리는 마음

삼월,
또 다른 이름
봄

반가워
버선발로
마중 나선 날

가고 있던 겨울이
내 마음 속
널 시샘해서
칼바람 앞세워
눈까지 뿌려댄다

괜찮아
두려워 하지 말고
기다리고 있을테니
조심해서
어서와

몸살

일어나
이제 그만 일어나
봄이야
봄이 왔어

분홍분홍
연두연두
치장한 꽃수레 타고
봄이 왔어

가만히
귀 기울여 봐
들릴거야
생명을 얻기 위해
껍질을 깨는
산고의 고통 소리

새싹 틔우느라
천지가 들썩이는데
그깟

형체도 없는 몸살에
언제까지
붙잡혀 있을거야
일어나
이 봄 가기 전에
툴툴 털고
어서 일어나

그래 너였구나

초저녁부터
심상치 않았다
창문의 고리를 걸었다
마음도 걸어 잠갔다

밤새껏
바람의 심술 탓에
꿈속마저 뒤숭숭 했다

아침
문 밖을 나서 보니
"그래 너였구나"

네가 오느라
밤새 그리 술렁였구나
백목련 배시시 눈 뜨고
노란 수선화 빼꼼
보랏빛 제비꽃
기지개 켜고 있구나

봄꽃

괜찮아
가던 걸음 멈춘
겨울 때문에
간밤
얼마나 춥고 무서웠니

애썼어
너무 조급히 서둘지 마
좀 더디 피면 어때

미안해
그저 지켜볼 뿐
널 위해 해줄 수 있는 게
아무것도 없어서

잊지마
네곁엔 항상
내가 있다는 걸

기다림 끝에 서서

봄이 오고 있네
저만치에

아릿한 그리움
그것 하나 땜에
어둠 헤치고
살을 에는 추위 감내하며
얼부푼 가슴으로
날 만나러
봄이 오고 있네

지난봄
작별의 인사도 없이
떠난 너를
맨발로 서서
기다리는 건
운명이겠지

말없이 떠난 건
이별이 아니라

잠시 헤어짐이었구나
너는 그리움
나는 기다림 되어
설렘 속에서 마주한다

입춘

하늘과 땅이 화합하여
천지가 열리는 날

하늘이 생기를 내리사
땅위의 생명
살포시 얼굴 내밀고
땅속의 씨앗
긴 겨울잠에서
깨어나려고
기지개 켜는 중

기다림의 시간을
감내한
오묘하고 경이로운 생명

아기 새싹 다칠라
오늘부턴
까치발 세우고 가만가만
쉿!
아기 새순 놀랠라

지금부턴
귓속말로 소곤소곤

우수雨水

얼어붙은
대동강 풀리듯
그대를 옥조이는
삶의 굴레
그만 풀어내시라

수달은 강물에서
물고기 잡기 시작하고
북쪽 향해
먼 길 나서는 기러기

해마다
치르는 일인데도
초목의 껍질 속에선
처음같은 어설픔으로
생명의 싹을 틔운다

그대여
우수엔 대동강 물도
풀린다 하니

지난겨울 얼었던 가슴
이제 녹여내시라
삶의 고단함
다 풀어내시라

경칩

부활이어라

경칩,
땅속 깊이 잠든
동물과 곤충
긴 겨울잠에서
깨어나는 절기
게으른 삼라만상은
하늘이
천둥소리를 내야
놀라서 깨어난다

경이로운
자연의 섭리 아니면
숨 멈추었던 생명
어찌 소생할 수 있으랴

머지않아
온 천지에 울려 퍼질
개구리 노랫소리

이 또한
자연의 선물이어라

오월이 오면

이 비 그치고 나면
푸르름
더 짙어오겠다

지금쯤
고향집 툇마루엔
햇살이
걸터앉아 졸고
우리 놀던 고샅길엔
찔레꽃도 피겠지

초록 물결 일렁이는
보리밭에선
작은 음악회
종달새 노래는
사랑의 찬가讚歌일까
이별의 송가送歌일까

초승 달빛
살포시 내려앉은

신작로엔
흐드러진 아카시아꽃
그 향기 속
같이 걷던
너는
지금 어디에

동백, 다시 피다

한겨울 내내
너를 가슴에 품고
맨발로
눈 속에 서서
하얗게 지새운 밤
목숨걸고
피워낸 사랑이여
너무도 짧은
만남이 애달파
동백,
땅에서 다시 피다

내일은 봄

봄이 오고 있다네

삼월이
소생의 노래를 부르며
먼 길 달려오고 있다네

따뜻한 입김으로
꽁꽁 언
심장 뛰게 하려고
봄이 오고 있다네

제 아무리 겨울이 혹독하여도
봄이 오듯이
오늘이 고단하여도
두려워 마시게
우리에겐
내일이란
봄이 오고 있으니

복사꽃 피다

미안하다는
한 마디에
미움은
봄 눈 녹듯
그렇게 녹아내렸고

고맙다는
그 한마디에
원망은
용서로 피어났다

천 마디
만 마디 보다
더 큰 울림이 되어
숨 막히는
공간의 침묵

송두리째 쏟아낸
그대의 진심
연분홍 복사꽃으로
고스란히 피어난다

민들레 꽃씨 하나

내려놓고 또 내려놓고
다 내려놓아야
살 수 있는
생生의 원리
어찌 알았을까

비우고
또 비워야
높이 올라 제길을 찾는
삶의 이치
어떻게 터득했을까

뿌리 내릴
한 줌 흙만 있다면
주저거림 없이
내려앉는 민들레 꽃씨 하나

이제부터는
신의 가호가 있기를
간절히
기도하는 시간

자연에서 배운다

맑고 푸른 하늘에
난데없이
먹구름 몰려들더니
피할 겨를 없이
물폭탄 쏟아진다
사람의 한평생도
어찌 순탄만 하랴
힘들어도
주어진 몫
감당하고
다시 일어서야지
사람도
자연의 한 부분이라서
살아가는 방법
살기 위한 지혜
답은 자연 속에 있다

지구가 화(禍)났어요

더워도 너무 덥다
구월 중순인데
팔월 한복판인 듯

녹을 수 있는 건
다 녹고
마를 수 있는 건
다 말라간다

구월의 햇살은
알곡을 익혀야 하는데
인간들의 행태에
경고를 보내던 지구가
심사가 뒤틀려
아예
다 태워버릴 기세다

어떻게 해야
지구의 화(禍)를 잠재워
원래대로
돌려놓을 수 있을까

제3부

수선화, 꽃불 켜다

박송월

존재의 이유

그대라는 존재
하나만으로
가득한 세상

따뜻한 마음으로
지긋이 바라보고
예쁜 말 하면서
남은 여생
시詩처럼 살고 싶다

살다가
힘들고 고단할 때
삶이 아파 휘청일 때
언제라도
손 내밀면
그 손 잡아 줄게

잊지마
어떤 순간에도
당신 곁엔 내가

내곁엔 당신이
있어야 하는
그것 하나가
존재의 이유라는 걸

그대 있음에

예쁘기도 하구나
연록의 잎새
마른 가지 뚫고 나온
여린 잎
이리 예쁠 줄이야

곱기도 하구나
가녀린 봄꽃
묵은 등걸 마디마디
피어난 연분홍 꽃잎
이리 고울 줄이야

어느덧
세월 훌쩍 흘러
마음으로 세상이
보이는 나이

소중하고 애틋한
그대 있음에
더 없이 아름다운

아!
멋진 봄날

오늘의 여백

'오늘'은
내가 받은
최고의 선물입니다

어제는
흘러간 구름이라
잡을 수 없고
내일은
안갯속이라
보이지 않습니다

오늘은
내 남은 생의 첫날이고
오늘의
마지막 날이기에
멋지게
살아내야 합니다

오늘이라는
삶의 캔버스는

내 전부를
쏟아부어야 하는
인생 여백입니다

오늘의 기도

감사하며
살게 하소서

세상 일
버겁고 고단해도
그저
감사하게 하소서

감사의 씨앗에서
행복이
열리게 하시고

오늘도
그 행복에
평안이 깃들게 하소서

에미

너는
네 새끼 걱정으로
속이 상하고
나는
그런 내 새끼 보면서
애간장이 녹는다

갈등

지금
겨울 한복판

당신은
지난 가을을
그리워하고

나는
오지 않은
봄을 기다린다

낮달

영혼 없는 웃음
창백한 낯빛

떠남은 떠남이 아니라
추스르고 돌아오기 위한
일상의 탈출인데
정처없이
나선 걸음이
태양의 앞 마당이라니

그대가
존재하는 이유
어둠을 거두어
빛으로 인도하기 위함이라

원래 있던 자리로
다시 돌아가
고아한 기품으로
밤하늘 찬연하게
지키시게나

바보의 셈법

사람들은 말한다
'세상에서 가장
큰 건 우주'라고

우주의 넓이,
우주의 부피도
나는 가늠조차 못한다

아는건
딱 하나
널 사랑한다는 것뿐

우주보다
더 큰 마음으로
그대를 사랑하는
셈법 모르는 바보

잠

젊은 날은
나를 지긋지긋하게
쫓아다니더니
나이 들어선
그를 애타게
찾아 헤매니
이 무슨 조화 속인지

오월의 장미

아름다운 그대
오월의 장미여

못다 살고 간
한 서린 여인의
환생의 꽃

주어진 시간 속에서
원없이 피어나라
우아한 왕비의
정원이면 좋으리
그도 아니거든
세상 어디든 가서
거침없이 피거라
도시의 담장이든
시골의 고샅이든
어디서나 볼 수 있게
지천으로 피어라

고혹적 자태
은은한 향기
그대 마력에 취해
내가 흔들리고
오월이 들썩인다

그대, 내 친구여

니가 온다지
그것도
내가 보고 싶어서
설레고 두근거려
몇 날 밤 잠을 설쳤다

너를 보듯
날마다
달력을 들여다보며
손가락을 꼽았다

아름다운
이 계절 속에서
재잘거리는
우리들의 이야기
호수에
봄 햇살 반짝이듯
눈 부시구나

멀리 있어도
늘 곁에 있는 듯한
소중하고 고마운 사람
그대,
내 친구여

너와 함께라서

긴 줄 알았던
아니
무한無限한 줄
알았던 인생
이리 빨리
지나갈 줄이야

영원할 것 같던 행복도
잠시 머물다 가고
숨이 멎을 것 같은
아픔도
세월 따라간다

고단하고
버거웠던 시간
지금 와 뒤돌아 보니
너와 함께라서
버텨냈구나

나, 지금
여기 있는 것은
늘 동행해 주는
니가 있어서

화려한 외출

그날은
설국이었다

천지 분간 안되게
퍼붓는 눈이
세상을 덮던 날

나를 묶었던
일상을 끊어내고
화려한 외출을 한다

모든 것
다 정지된
눈 쏟아지는
시베리아 벌판에 서서
지바고의
연인이 되어본다

시간의 잔고

내게 주어진
시간의 어디쯤
나는 와 있는걸까

마냥 즐겁고
행복할 때도
버겁고
고단할 때도 있었던
인생 소풍길

살아온 날 보다
살 날이 짧아
조급해지는 마음

얼마나 남았을까
보이지 않는
내일을 몰라
시간의 잔고를
오늘에 쏟아붓는다

그대 덕분에

하루가 저물어 간다
어느덧
한해는 또
석양빛에 물들었구나

잡으려 안간힘을 써도
내닫기만 하는
속절없는 세월

힘들고 고단한
삶의 길 위에서
버거운 순간순간
다시 일어설 수 있는 용기
휘청일지언정
포기하지 않는 의지
격려하며 손잡아 준
그대 덕분에

나
누군가에게

'덕분'으로 기억되게
살았을까

딸아, 엄마는

용돈 주는 것
효도이지만
엄마는
니가 아프지 않고
건강하게 살아주는
효도를 원해

소문난 맛집에서
밥 사 주는 것
그것 또한 효도지만
거친 세파에
휘청일지언정
넘어지지 않는
그런 효도를 바래

꽤 근사한 옷집에서
예쁜 옷 사 주는 것도
효도이지만
니가 무탈하게 살아주는
효도를 염원해

이름난 명소 골라
여행 보내주는
효도도 있지만
엄마는
행복과 평안이
늘 너와 함께하는
그런 효도 받기를
날마다 기도해

내 종교는

"우주보다 더 사랑해"
"네"
"이 세상에서 니가
가장 소중한 사람이야"
"네"
"누굴 닮아
이렇게 예쁘지"
"그야 할머니죠"

유도하는 할머니
"네"라고
답하는 아이

딸아이가
나를 사이비 교주라 한다
교인은
딱 두 명
할머니와 손녀

아마도
내 종교는
손녀 사랑인가 싶다

동행

늘
내 곁에
함께하는 사람

좋은 일엔
아낌없이
칭찬과 찬사를
보내는 사람

힘들고 휘청일 땐
매번 응원과 격려로
붙잡아 준
고마운 사람

어둡고
고단한 삶의 길에
등불이 되어 준
당신은
참 귀하고
소중한 사람

제4부

수선화, 꽃불 켜다

박송월

별이 된 그대

하늘에
별 하나 늘었겠다
너라는 별

사람이
이승을 떠나면
하늘에 올라
별이 된다지

갈길 바쁜 너는
세상 것
다 내려놓고
하늘의 별이 됐지만
너를 보낸
내 가슴엔 아픔의
별 하나가 박혔구나

어디에
떠 있는지
네 별자리 주소를 몰라

가장 반짝이는
별일 거라 생각하고
오늘 밤도
하늘을 올려다 본다

소금 꽃밭 될 때까지

어찌할 거나
이 속절없는 사랑을

독하게 마음먹고
야멸차게 잘라내면
더 억척 같이 일어서는
지긋지긋한
이 그리움

떨쳐낼 수 없다면
차라리
안고 가리라

어느 순간은
그 마음
진심이었다고 믿기에
바닷물이 다 말라
소금 꽃밭 될 때까지
그대를 가슴에
담고 가련다

그냥 너라서

나를 사랑하는
니 마음
저울에 달지 않았다

너를 좋아하는
내 마음
자로 재지 않았다

니 마음의 무게도
내 마음의 길이도
알수 없지만

너를 좋아하는 이유
굳이
물으신다면
그냥 너라서

또 하나의 이별

살기 위하여
살아야 하기에
상처는 보듬고
아픈 기억은
지워야 한다
헤어짐만
어디 이별이 드냐
잊는 것,
잊히는 것
또 하나의 이별이기에
당신의 마음에서
내 이름을 지우고
당신의 기억에서
나를 지우시라
잠에서 깨어 보니
지난 시간은
한바탕
혼란스러운 꿈이었다

부칠 수 없는 편지

낮엔
태양이었고
밤엔
별빛이었던 당신

간밤 편안했는지
오늘 하루
어떻게 지냈는지
묻고 싶지만
경계가 달라
길이 없구려

빼곡이 적어본
깨알 같은 이야기를
보낼 곳도
받을 이도 없어

썼다가 지우고
썼다가 또 지우는
부칠 수 없는 편지

우주는 작은 점에서

처음에
점點이었다
작은 점點
하나에 불과했다

어쩌다
가끔 생각나더니
선線으로
자라기 시작했고

선線인가
싶은 순간
마법에 걸린 내마음은
면面이 되어
걷잡을 수 없이
커져만 갔다

점點이
선線이 되고
선線이

면面이 되는 순간
너라는 사람은
그렇게
내 우주가 되어버렸다

그리움은 그리운 대로

그대
아시는가
세월이 약이란 말

잊으려 한다 해서
잊히던가
기다리지 않겠다
마음 먹어
그리 되던가

잊겠다고,
기다리지 않겠다고
생각하는 순간
그리움이
여름날 잡초처럼
무성하게 일어선다

아프고 힘든 이 고비
견뎌내려면
초연해져야지

그리움은 그리운 대로
그냥 놓아두자

그리움 한 조각

잊었는가 했는데
아직 다
잊지 못했나 보다

그리움 한 조각
상처의 흔적으로
남은 걸 보니
아직도
다 잊히지 않았나 보다

만남은 헤어짐의
또 다른
이름이란 것도
사랑의 그림자가
아픔이란 것도
이제 알았다

언젠가
한 조각 남은
그리움 마저

지워지는 날
그때에
말할 수 있으리라
잊었노라고

눈물

더는
기다리지 않으련다
다신
울지도 않으련다
마음 다 잡고
하늘 올려다보는 순간
빗방울 하나 둘
떨어지기 시작하더니
이내 쏟아지는 장대비
하늘이
나 대신 울기 시작했다
비야 내려라
억수같이 쏟아져라
천둥 번개에
내 통곡소리 묻혀버리게
비야 내려라
세차게 퍼부어라
거센 빗줄기에
내 눈물 감출 수 있게

슬픈 진실

니 마음
한 귀퉁이
내가 있기는 한지
아니 있기는 했었는지

그 마음
알 수 없어
애타던 내 마음

나도
누군가를
애타게 한 날 있었는지
지난날
가만히 들여다본다

사랑엔 공식도
정답도 없다지만
더 많이
사랑한 사람이
더많이 아픈
슬픈 진실 하나

그 이름 하나

해가 떠도 해가 져도
그냥 즐거웠고
비가 오고 눈이 와도
마냥 좋았던 건
당신이
내 삶의 전부이었기에

힘겹고 고단한 순간마저
아름다웠던 건
당신이
내 삶의 이유이었기에

보이는 것도
생각나는 것도
오직
당신 뿐이었는데

남은 건
가슴 깊이 새겨져
지워지지 않는

아니
지울 수 없는
그 이름 하나

깃발이고 싶다

깃발이고 싶다
높이 치솟은
깃발이고 싶다
행여
바람결에
그대 소식 묻어올까

잃어버린 기억을
더듬어 가며
한 올 한 올
그리움을 얽어맨다

그대는
아픈 시간 속을
되짚어 가야만이
맞추어지는
그리움의 마지막 퍼즐
그 앞에 서면
여지없이
무너져 내린다

오늘은
아득한 허공에
높이 치솟은
깃발이고 싶다

어디면 어떠리오

나,
이 세상 떠나는 날
가져갈 수 있는 거 하나
하늘이 허락한다면
내게 머물다 간 마음
고스란히
챙겨 가고 싶소
가면서
가슴에 묻었던 이야기
도란도란 피우고
한 번쯤은
철없는 투정도 부려보고
힘겨워 휘청일 땐
그 마음에 기대어
위로도 받고 싶소
이생에
못다 한 인연
다음 생에
이룰 수 있다면
그곳이

어디면 어떠리오
어딘들 어떻겠소

어느 봄날의 작별

이제
떠나도 괜찮아

너는
어느 봄날
하늘거리는 연분홍빛 꽃잎으로
아니
설렘으로 내게 왔다
아무것도 모르는
내마음에
봄비 스미듯
그렇게
너는 왔다

영원한 줄 알았던
환희의 순간은 잠시
빈 그림자만 안고
아프게 살아온 긴 세월

꽁꽁 묶었던
매듭 풀어 줄 테니
내안의
기억까지 다 지우고
이봄 따라 떠나렴
이제 그만
널 보내줄게
떠나도 괜찮아

비밀

너는 나에게서
누가 알면 안 되는
커다란 비밀이다

나는 너에게서
드러낼 수 없는
엄청난
비밀이 되었다

애틋하고 소중해서
가슴에 묻은
이름 하나

말할 수 없는
그 이름 하나가
시간이 지날수록
더 무거운
비밀이 되어간다

작은 기도

그대
내 심장을
뛰게 한 사람

내가
살아야 하는
이유인 사람

늘상
서성이며
두 손 모으는
간절한 마음

소중한 이에게
하늘의 보우保佑가 있기를
애타게 바라는
내 작은 기도

오직 하나뿐인

아득한 옛날에도
먼 후일에도
오직
하나뿐인

모진 세상
바람에 찢겨진
너와 나의 이야기

얼마나
더 아파야
널 만날 수 있을까
얼마나
더 애가타야
니 목소리
들어 볼 수 있을까

심장이 멎는
마지막 순간까지
나에겐 오직
너 하나뿐인데

숙명이라면

그대,
나를 잊었을지라도
나는
그대를 잊은 적 없네

휘몰아치고 지나간
태풍이었으면
차라리 좋았어라

각인된 상흔으로
가슴 깊은 곳에 남아
미워하고 원망하다
때론 그립기까지

질긴 인연의 고리
끊어내지 못해
아리고 또 아린 오늘
어쩌리오
이게 숙명이라면

제5부

수선화, 꽃불 켜다

박송월

부르지 못하는 연가戀歌

봄 되어
온 산야山野에
지천으로 꽃 피거든
당신 곁에 갈 수 없는
내 마음이
피어난 줄 아시오

여름날
소나기 세차게 쏟아지거든
무심無心한
당신 마음 두드리는
내 눈물인 줄 아시오

가을,
붉은 단풍으로
온 산이 활활 타거든
사랑한다는 말
미처 하지 못한
내 고백告白인 줄 아시오

겨울 어느 날
함박눈
펑펑 퍼붓거든
당신이 보고 싶어
주체主體할 수 없는
내 마음이
찾아간 줄 아시오

가슴에 핀 꽃

화창한
어느 봄날
인생 소풍길에서
운명으로 다가와
가슴에 피어난
꽃 한 송이

여름 가고
가을 지나
싸락눈 희끗거리는
초겨울 어느 날
우연히 찾게 된
그 꽃자리

찬란했던
그 날의 영화榮華는
오간데 없는데
아련한 기억 속에서
선명히 살아나는
아름다웠던
그 날의 잔상

세상의
모든 꽃은
때가 되면 지지만
그대는
영원히
내 안에 피어 있는
한 송이 꽃이어라

사랑은

두 사람이
어린아이의 손을
양쪽에서 힘껏 잡아당긴다
시간이 흐를수록
자지러지는
아이의 울음소리

생명과 안전을
담보로 잡힌 국민은
치료받을 권리를
박탈당한 채
불안과 두려움 속에서
하루하루를 살고 있다

아이를
아프지 않게 하려면
한 사람이
손을 놓아야 한다

사랑은 그런 겁니다
사랑은
수단이 아니라
존중과 배려입니다

혼돈의 겨울밤

칠흑같은 밤이지만
어둠을 두려워하지 않는
국민은
잠들지 않은 채
아침을 기다리고
동토冬土가 되어버린
절박한 순간에도
정의는 이 땅에
자유민주주의 꽃을
피워내고 있다

옛날 속을 걷다

가던 길
잠시 멈추고
옛날 속을 걸어본다

눈감고
가만히 회상해 보면
그리움조차
또 하나의
아픔이 되는 사람

보고 싶어
아프고
볼 수 없어
아픈 사람아

아련한 옛날
시린 기억 속의 당신
보고 싶다
죽을 만큼 보고 싶다

마지막 사랑

한 뼘 남짓한
겨울 햇살이
가던 걸음 멈추고
다시 돌아와
호수의 물결 위에
찬란하게 부서지며
마지막 사랑을
쏟아내고 있다

윤슬의 아름다움에
퍼덕이던 오리 떼
걸음 멈추었고
호수의 산 그림자
말을 잃었다

한 줌 햇살과
외로운 물결의
눈먼 사랑아

회한의 여지없게
주저하지 말고
서로의 가슴에 녹아들어
눈부시게 빛나거라
별빛처럼 찬연하게

세상은 너 하나로

눈 감아도
환히 보이는 얼굴

귀 막아도
들리는 목소리

오직
너 하나로
가득 찬 세상

어쩔거나
이 미친 사랑을

외길 위의 이별

아파트 담장 옆길
밤새 떨어진
비 젖은 가을 잎새

간밤 거칠게
불어대던 비바람
얼마나 무서웠을까

햇살 좋은
어느 멋진 날
갈바람 앞세워
한들한들 여행길 나서고
싶었을텐데

준비되지 않은 이별
어쩌랴
만남과 헤어짐은
외길 위의 숙명인 것을
아픔의 서막
이별은
그렇게 시작 되었다

그 빈자리

가을 끝자락

춥고 외로운
호숫가 갈대는
버스럭버스럭
어설픈 몸짓으로
서로를 껴안는다

보이지 않는
벽에 부딪혀
소리조차 낼 수 없었던
오래된 아픔
그날
호수에 다 쏟아 버렸다

가을이 떠나고 나면
그 빈자리
그대 향해
그리움으로 채워보련다

기억 저편에서

이젠
까치발 들지 않으리

그대 안에 나 있는지
생각에 흔들린
수많은 날들

너무 소중해서
아무에게도
말할 수 없고
돌아서면
보고 싶어 두렵다는
기억 저편에서
아스라이
들려오는 목소리

어느 순간
다 알아버린
그대의 진심
이젠
까치발 들지 않으리

잊으리라

이제
그만 잊으리라

누군가를
가슴에 묻고 사는 건
가시가 박힌 채
살아가는 것
가끔씩
가시가 날을 세워
잠잠한 평온을
후벼 파기 시작하면
온몸의 신경은
서릿발로 일어선다

긴 세월
핏빛보다
더 진한 아픔으로
아물지 않는 상처

잊으려 한다 해서
다 잊히겠냐만
잊어야 한다
이제
그만 잊으리라

기다림, 그거 하나

그대
떠나던 날
그 자리에
붙박이 되어버린
나는야 허수아비

마음 닫아버린 채
누더기 차림으로
눈비오고 바람부는
허허벌판에 서있는
속 빈 허수아니
아는 거라곤
기다림,
그거 하나

날 두고 떠났던
그 자리에
그 모습 그대로
서 있는 건
어쩌다

한 번쯤 내 생각날 때
내게로 오는 길
잃어버렸을까 봐

오늘도
이 자리에 서서
당신을 기다리는
나는야 허수아비

참 지도자

풍랑이 거친
바다 한 가운데
길 잃은 난파선에서
공포와 두려움으로
우왕좌왕하는
수많은 사람들
이들의 불안을 잠재워
안전한 목적지에
인도하는 사람

좋은 일에도
절박한 순간에도
모든 상황의 중심에
맨 먼저 국민을 두고
헌신하고 봉사하는
오롯한 사람

국민은 보호받고
섬김 받을 존재이지
권력의 수단이나

다스림의 대상이 아닌걸
아는 사람

이런 지도자가
절실한 오늘입니다

공존하는 세상을 위하여

십 년도 넘는 긴 세월
모진 시련과
역경을 견뎌냄은
영광스런 사명의 길을
가기 위함이
아니었던가요

노고와 헌신에
존경과 감사를 보냈던
순박한 국민의
목숨과 안전이
볼모로 붙잡혀
두려움과 불안에
떨고 있는 오늘

환자의 생명을
지키겠노라던
환자에 대한 의무를
다 하겠노라던
히포크라테스의 선서는
바람 따라 날아 갔나요

하늘 한 번 올려다 보시라
의술과 인술은
누구를 위한 것인지
세상 그 무엇이,
어떤 이유가
생명보다 존엄한지

길 없는 깜깜한
길 위에 서 있지만
우린
같이 살아야 하기에
함께 빛이 되어
어둠을 걷어내야 합니다
공존하는 세상을 위하여

찬란한 별로 뜨시게

잔인한 달 시월
채 피지도 못한
꽃봉오리들이
찢겨져 흩어진
아!
시월은 잔인한 달

무엇과도 바꿀 수 없는
생때같은 목숨
아비규환의 생지옥에서
"살려달라" 절규하던
절박한 그 순간
국민의 안전을
책임지기 위해
마련된 자리에
앉아 있는 이들
그 순간
어디서 뭘 했단 말인가

천만금千萬金보다
귀한 목숨
지켜주지 못해
용서를 구할
염치조차 없네

별이 되시게
힘들었던 세상일
다 잊으시고
고통 없는 곳에서
온갖 가을꽃 향기
듬뿍 머금은
찬란한 별로 뜨시게

※ 이태원 참사에서 별이 된 이들에게

우린 원래 하나

나만 고집하면
독단의 틀에 갇혀
늘 혼자이지만
생각의 차이를
인정하는 순간
우리가 된다

한 편이 아니면
옳은 것도 탈잡고
자기편의
잘못은 정당화시키는
기막힌 현실

졸렬한 사람은
자신의
과오는 생각지 않고
상대의 허물만
들추어 비방하지
나는 과연
당당하고 떳떳할까

마음을 활짝 열고
경계를 헐어내면
불가능은 없으리라
손잡고 같이 가자
우린
원래 하나였잖아

인생 철학을 함축하는 맑은 심상의 서정시

소재호, 감히 평하고 설하다

수선화, 꽃불 켜다

박송월

인생 철학을 함축하는 맑은 심상의 서정시
- 박송월 시인의 시편들은 자연과 인간의 합일로 경건성을 구조한다.

소재호(시인·문학평론가)

"신이 만물을 창조했지만 존재와 존재의 간극間隙에서 일어나는 바람은 신이 예측하지 못했다" 이런 말을 필자는 오래전부터 기억하고 있었다. 누구의 발설인지 또는 필자가 스스로 품었던 생각인지 조차 분별되지 않은 명인이지만 그럴듯하다는 생각은 지금도 변치 않았다. 느닷없이 일어나는 바람은 신의 태초의 창조 수순을 밟지 않는다. 그러나 온갖 변인으로 생성한다는 것은 과학적 이론으로 증명된다. 예측불허의 사상事象은 시시때때로 기적처럼 발현된다. 물상들 사이의 관계성에서, 변별성에서, 밀고 당김의 연관성에서, 바람처럼 '인연'은 발생되는 것이다. '바람'에서 인연으로 언사가 건너옴은 너무 비약이 심하다 할 수 있겠

으나 무형의 형상이, 시청각 작용으로는 감지되지 않는 형태가 함께 실존적으로 존재한다는 사실을 우리는 주목해야 한다.

그 '인연'의 맺히고 풀림이 또한 인간 사회의 정리定理요, '정서의 유발'이라 이를 것이다. 창조의 대척점에 진화라는 개념이 있듯이, 인간 정서는 무한 변이와 진화를 거친다. 박송월 시인의 시편들에서 발견되는 정서들은 광의로 온갖 인연들의 조화로 파생되고 있음을 필자는 감지한다. 특히 '사랑'이니 '그리움'이니 하는 무게 있는 정서는, 시인의 삶 전반에 굽이치는, 유현幽玄한 흐름인 것이다. 시인의 삶이 양질의 수준에 이르게 하기 위한 정신적 자기 정화의 일상이 이렇게 연속되고 있었음이 시편들에서 읽힌다. 시 전반에 흐르는 인간학은 여러 가지 형과 태로 구조되고 있기도 한다. 가령 유·불·선의 여러 사조가 굽이치기도 하고 격률格率이라고 하는, 행위와 규범과 윤리의 원칙으로 일상을 경영하면서 시인 나름의 인생관을 확립하고 이에 궤軌를 두어 따라가는 바람직한 '인생살이'가 퍽 아름답게 보여진다.

인류가 호모 사피엔스 이래로 '사랑'이라는 어휘로 인해서 '인간답다'라는 명제가 성립되었다고 한다. 사랑의 카테고리는 넓기만 하다. '그리움'이란 말도 시, 공을 초월한 인간학적 최고의 덕목이라고 일컬어진다. 사랑과 그리움이 박송월 시인의 인성과 품격을 바람직하게 지탱케 해 주는 양대 버팀목인 점이 확연하게 발견된다. 가족의 연대 고리인 보이지 않는 인연으로 말미암아 정리情理 맺힘이 작동된다.

시란 다시 말해 감동적 정서의 언어 예술이라고 할 때 박송월 시인의 시 갖춤은 필요, 충분조건을 확보한 셈이다. 삶의 일상이, 인간학의 시적 변용을 거쳐 박송월의 시에 당도한 것이다. 시에서 또한 감지되는 인문학은 매우 철학적 시론으로 펼쳐진다는 점이다. 시는 철학도 과학도 종교도 아니지만 시적 철학이어야 한다는 당위성을 지닌다. 서정시다우면서 곰곰이 명상을 유발하는 시의 체질에 박송월 시인의 시는 합당하다.

박송월 시인의 시는 그러하다. 사랑하며 정리적으로 살며, 그리워하면 고도한 삶의 가치를 누린다.

인간의 도리가 삶의 철학이 되며, 다시 이를 시적 구현으로 형상화한다.

이제 시 몇 편을 음미해 본다.

> 한겨울 내내
> 너를 가슴에 품고
> 맨발로
> 눈 속에 서서
> 하얗게 지새운 밤
> 목숨걸고
> 피워낸 사랑이여
> 너무도 짧은
> 만남이 애달파
> 동백,
> 땅에서 다시 피다
>
> — 「동백, 다시 피다」 전문

이 시에서 '사랑'은 이승과 저승[시·공]을 넘나든다. '있다 없어짐'에서 환생의 단계를 밟는다. 사시사철을 운위하지만 이는 일생 전반을 일컬음이다. 색즉시공色卽是空 이요, 공즉시색空卽是色인 셈이다. '낙화洛花인들 꽃이거늘 쓸어 무심하리오'란 시구는 조선 말 정민교의 시조 종장이다. '떨어진 꽃도 꽃'이란 표현으로서 시조의 정조를 한껏 높였지만. 박송월 시인의 시에서는 땅에 떨어진 동백이 '땅에서 다시 피다'라고 했다. 다시 살아남이니 환생인 것이다. 시적 갖춤이 더욱 심오하다. 동백의 붉은 마음, 곧 사랑이 단심丹心이며, 일편단심인 셈이다. 충신불사이군忠臣不事二君이요, 열녀불경이부烈女不更二夫란 말에 딱 맞는 정녀의 변이다. '목숨 걸고 / 피워낸 사랑'이 '동백'으로 형상화하였다. 매우 짜임새 있는 시이다.

    오늘도
    마음 밭에 심는
    희망이라는 씨앗 하나

    부단한 노력 없이
    거저 얻어지는 건
    그 무엇도 없기에

    결실을 얻으려면
    지금,
    여기에
    열정을 들이붓어야 한다

간절히 소망하고
끊임없는 노력으로
살아내는 오늘
그래
삶은 기적이야

- 「삶은 기적이야」 전문

 기적奇跡이란 말은 사전적으로 두 가지 뜻이 있는바, 하나는 '상식으로 생각할 수 없는 기이한 일'이요, 둘은 '신에 의하여 행해졌다고 믿어지는 불가사의한 현상'이란 뜻이다. 평범한 일상을 기적이라고 할 때는 그 일상의 하나하나 또는 하루하루의 삶이 특이하며 각별할뿐더러 인간의 인위적 의지나 행위로 달성할 수 없음을 강조하는 그런 의미를 지닌다. 소소한 일상을 기적이라 할 때는 이미 그 소소한 일이 경건한 것이며, 신비한 것이라고 여기는 시인의 관점인것이다. 그런데 시인은 그 기적은 '희망' '열정'으로 출발하여 굳게 의지 세워 부단한 '노력'으로 달성된 삶이라 일컫고 있다. 수인사대천명修人事待天命이란 명언이 있다. 사람의 힘으로 할 수 있는 것을 다 하고 그 후에 천명을 기다린다는 뜻이다. 그러니까 기적의 달성은, 인간의 노력과 신이 응분應分한 바의 합성인 셈이다. 지성至性이면 감천感天이란 말과 다름없으리라. 이 시의 주조에는 생활철학이 내포된다. 경건한 삶, 일과를 기적으로 여기는 인생 여정은 그 또한 가치의 지극함을 말한다. 이 시에서 감지되는 바로서, 작가는 자신의 인생에 무한 가치와 큰 의미를 갖추어 아름답게 삶을 경영한다는 점에서 높이 칭송할 만하다.

촉촉한 눈빛으로
다정하게 오시길래
그대인 줄 알았네

조용한 걸음으로
가만가만 오시길래
그대인 줄 알았어

그저
따스한 온기 하나로
얼붙은 겨울의
빗장을 풀어
깊은 겨울잠에서
생명을 깨워내는
그대,
봄비여

그대로 하여
갯가의 버들강아지
호기심에 눈뜨고

그대로 하여
언 땅 속의 씨앗
달콤한 잠 속에서
기지개 켜고 있네

-「그대로 하여」전문

봄이 의인화되어 있다. 아니면 전지전능한 신의 경지를

나타낸다고 볼 수도 있다. 자연 만물에 조화부림을 주지시킨다. 중국에서는 하느님의 개념으로 조화옹造化翁이란 호칭이 있다. 이 조화옹의 수단은 '촉촉한 눈빛' '조용한 걸음' '따스한 온기' 등인데, 이로 말미암아 '겨울의 빗장을 풀어' '생명을 깨워' 갯가의 버들강아지 / 호기심에 눈뜨고 '씨앗…기지개 켜고'에 인과를 맺는다. '그대'는 다정한 '임'인 동시에 천지조화 부리는 신이며, 그리고 그런 '그대'는 구체적으로 '봄비'인 것이다.

  환희에 찬 생동하는 봄을 노래한다. 맑고 청아한 수채화 한 폭을 대하듯 정갈한 작가의 심상을 만난다. 시가 기쁨을 준다.

>해 바뀔 때마다
>선물로 받는
>열두 폭짜리
>하얀 여백의 화선지
>
>보이는 삼라만상에
>생명을 불어넣어
>꽃으로 피워내는
>화가가 되어보고
>
>하늘에 떠다니는
>한 조각구름에도
>시詩 한수 읊조리는
>시인이 되어 본다

자연 앞에 서면
누구나
화가가 되고
시인이 되는데
무엇을, 어떻게
쓰고 그려야
삭막한 인생이
아름답게 피어 나려나
- 「인생을 아름답게」 전문

그리스인 시모니데스의 말인데, '시는 말하는 그림이요, 그림은 말 없는 시이다.'라고 하였다. 또한 소동파의 언사인 문인 소식蘇軾은 시중유화詩中有畵요, 화중유시畵中有詩라 하였다. 아름다운 풍광에서 시를 읊어 내고 또한 그림을 그려 내는 작가의 심상은 지선극미之善極美한 모습이리라. '인생을 아름답게' 경영함은 마주치는 모든 자연을 아름답게 관조하는 심리에 영합할 것이다. 이 시에서 시인의 역할과 역량은 극대화된다. '삼라만상에 / 생명을 불어넣어' '꽃으로 피워내는' 전지전능한 신의 기적을 행위 한다. 물론 소원이고 소망일 뿐이지만, 만능의 화가 전능의 시인됨을 희망한다. 새해 아침이면 '하얀 여백의 화선지'를 선물 받는다는 심정은 참으로 신선하다. '열 두 폭짜리 화선지'에 한 해의 기적 같은 삶을 회화적이고 시적으로 채워간다는 다짐이니 삶의 자세가 경건하고 참신하다.

나,
별 하나 품고 산다

지구에 소풍 오던 날
하늘에서 유성 하나
뚝 떨어져
심장에 박혔다

늘 가슴에 켜져 있는
작은 등촉 하나
힘들고 어두운 세상
살펴 가며 살라는
신의 자비일까

마를 듯
마르지 않는 강물
꺼질 듯
꺼지지 않는 불꽃
누구나
'희망'이라는
별 하나씩 품고 산다

- 「'희망'이라는」 전문

    판도라의 상자 속에는 온갖 재앙과 재난이 들어 있어서 열자마자 모두 뛰쳐나와서 이 세상에 범람하게 되었다는 그리스 신화의 이야기이다. 그러나 재빨리 닫아서 마지막까지 남아 있던 것이 '희망'이었다고 한다. 그래서 맨 마지막의 희망 때문에 사람들은 살아가면서, 좌절로부터 절망으로부터 헤쳐나와 미래의 삶을 이어간다는 것이다. 희망이란 인간에게 가장 긍정적인 심정적 자산이다. 여기서 '별' → '등촉' → '강물' → '불꽃' ⇒ '희망'으로 연대해 가는 구조는 절묘하다. 많은 상징 어휘가 배열된다.

천상병 시인의 「귀천」에서는 '아름다운 이 세상 소풍 끝나는 날' '나는 하늘로 돌아가리라'라고 했지만, 이 시에서는 지구에 완전히 귀속하여 소풍을 와서는 다시 돌아갈 의향이 없는 것이다. 그러니까 아름다운 세상은 하늘에 있지 않고, 지금 이곳이 현장인 셈이다. '희망'은 신의 자비로운 베풂이라고 정의한 대목도 퍽 인상 깊다.

> 내려놓고 또 내려놓고
> 다 내려놓아야
> 살 수 있는
> 생生의 원리
> 어찌 알았을까
>
> 비우고
> 또 비워야
> 높이 올라 제길을 찾는
> 삶의 이치
> 어떻게 터득했을까
>
> 뿌리 내릴
> 한 줌 흙만 있다면

주저거림 없이
내려앉는 민들레 꽃씨 하나

이제부터는
신의 가호가 있기를
간절히
기도하는 시간

- 「민들레 꽃씨 하나」 전문

'민들레 꽃씨 하나'에 의탁된 민초를 형상화하고 있다. 민초란 다시 소시민쯤 되는 서민인 셈이다. 어떤 악조건에서도 생명을 이어가는, 어귀찬 삶을 꾸려가는 가난한 서민일 수도 있겠다. '내려 놓고 비운다'라는 덕목은 선비다운 인생철학을 말하고 있음이라. 안빈낙도安貧樂道하는 동양적 선비 상을 형용한다. 공자가 말씀하시길 가난한 중에도 '낙역재기중의樂亦在基中矣'라 하여, 그런 가운데 즐거움이 있느니라고 하였다.

  시의 종장에서는 역시 '신의 가호'를 빌고 있다.
  또한 경건하게 살아가야 할 인생 담론이 제시되고 있다.

영혼 없는 웃음
창백한 낯빛

떠남은 떠남이 아니라
추스르고 돌아오기 위한

일상의 탈출인데
정처없이
나선 걸음이
태양의 앞 마당이라니

그대가
존재하는 이유
어둠을 거두어
빛으로 인도하기 위함이라

원래 있던 자리로
다시 돌아가
고아한 기품으로
밤하늘 찬연하게
지키시게나

- 「낮달」 전문

  인류를 구원하기 위해 오셨다는 성인들의 행적처럼 낮달을 묘사하고 있다. 예수는 인류의 죄악을 대신하여 십자가에 못 박혔다고 그랬다. 살신성인殺身成仁의 경지를 표상한다. 살신성인이란 말은 「논어」의 「위령공편」에 나오는 말로서, 자신을 희생하여 인仁을 이룬다는 뜻이다. '인'이란 남을 사랑하며 어질게 행동하는 것을 이르는 말이다. '어둠을 거두어 / 빛으로 인도하기 위함이라'하여 '낮달'의 소임을 명쾌히 하였다. 그리고 낮달은 소멸이 아니며 '원래 있던 자리로 / 다시 돌아가 / 고아한 기품으로 / 밤하늘 찬연하게 / 지키시게나'라고 했다. 예수의 3일 후 부활을 연상시키는 시구이다. 시적 결기가 뛰어나다.

> 깃발이고 싶다
> 높이 치솟은
> 깃발이고 싶다
> 행여
> 바람결에
> 그대 소식 묻어올까
>
> 잃어버린 기억을
> 더듬어 가며
> 한 올 한 올
> 그리움을 얽어맨다
>
> 그대는
> 아픈 시간 속을
> 되짚어 가야만이
> 맞추어지는
> 그리움의 마지막 퍼즐
> 그 앞에 서면
> 여지없이
> 무너져 내린다
>
> 오늘은
> 아득한 허공에
> 높이 치솟은
> 깃발이고 싶다
>
>   -「깃발이고 싶다」 전문

깃발은 여기에서 '고독한 영혼쯤' 되는 이미지이다.

　범속한 세상의 격랑은 아니고, 높은 허공에서 홀로 펄럭이며 '임'의 소식을 기다리는 고단한 신상인 셈이다. 그리고 그리움은 먼 과거로부터 소환된다. 깃발은 그래서 시·공을 넘나드는 교응交應의 질서를 오롯이 감내한다. 그리움은 현재의 난관을 극복하는 초월적 정서이다. '그리움'은 과거와 현재와 미래를 한 고리로 꿰어내어 관통하는 인간 심상 가운데 가장 아름다운 심상이다. '높이 홀로 솟아 펄럭임'은 스스로 고고함, 의연함, 불변함, 지고함을 암유한다. 시상이 절묘하다.

　　봄 되어
　　온 산야山野에
　　지천으로 꽃 피거든
　　당신 곁에 갈 수 없는
　　내 마음이
　　피어난 줄 아시오

　　여름날
　　소나기 세차게 쏟아지거든
　　무심無心한
　　당신 마음 두드리는
　　내 눈물인 줄 아시오

　　가을,
　　붉은 단풍으로

온 산이 활활 타거든
사랑한다는 말
미처 하지 못한
내 고백告白인 줄 아시오

겨울 어느 날
함박눈
펑펑 퍼붓거든
당신이 보고 싶어
주체主體할 수 없는
내 마음이
찾아간 줄 아시오
- 「부르지 못하는 연가戀歌」 전문

서정주 시인의 「춘향유문」이란 시가 있다. 네 번째 연에 천길 땅 밑을 검은 물로 흐르거나 /도솔천의 하늘을 구름으로 날드래도 / 그건 결국 도련님 곁 아니예요?// 다섯 번째 연에는 더구나 그 구름이 소나기되어 퍼부울 때 /춘향은 틀림없이 거기 있을 거예요!//라고 읊었다. 불교적 윤회요, 연기緣起라고 해설된 시이다. 이 시에서도 ' 내 마음 → 꽃' '내 눈물 → 소나기' '내 사랑의 고백 → 단풍' '내 마음 → 함박눈'으로 환치된다. 틀림없는 윤회사상輪回思想인 것이 확실하다. 생사를 초월한 절대의 사랑을 이다지도 모질게(?) 읊는다는 말인가

잔인한 달 시월

채 피지도 못한
꽃봉오리들이
찢겨져 흩어진
아!
시월은 잔인한 달

무엇과도 바꿀 수 없는
생때같은 목숨
아비규환의 생지옥에서
"살려달라" 절규하던
절박한 그 순간
국민의 안전을
책임지기 위해
마련된 자리에
앉아 있는 이들
그 순간
어디서 뭘 했단 말인가

천만금千萬金보다
귀한 목숨
지켜주지 못해
용서를 구할
염치조차 없네

별이 되시게
힘들었던 세상일
다 잊으시고
고통 없는 곳에서

온갖 가을꽃 향기
듬뿍 머금은
찬란한 별로 뜨시게
　　　　　　　－「찬란한 별로 뜨시게」 전문

　'시인은 평화로울 때는 생활의 아름다운 장식이 되고 시대가 환란에 처했을 때는 선구자가 되라'는 말이 있다. 무수한 '생때같은 목숨'이 절명되게 한 저 이태원 참사를 비통한 심정으로 읊고 있다. 시인은 엄혹한 시대도 견인해야 한다는 주문에도 합당한 참여 시이다. 시의 결기가 웅변 같고 심금을 울림으로 다시 부언할 나위가 없다고 본다.
　박송월 시인의 시편들은 인생철학을 함축하는 맑은 심상의 서정시를 구사하므로, 그 깊은 사유思惟에 공명하는 효과를 야기시킨다. 시적 체질에 주지적 명상이 융합되어 시의 품격은 높아질 수밖에 없다. 애상의 정서는 절제되고, 인생을 다 살아낸 듯이 초연한 경지를 누리므로 시의 문학성은 자못 고양되어 있다.